127 Aktivitäten für die Zeit in Quarantäne

BY JACQUELINE SHAULIS

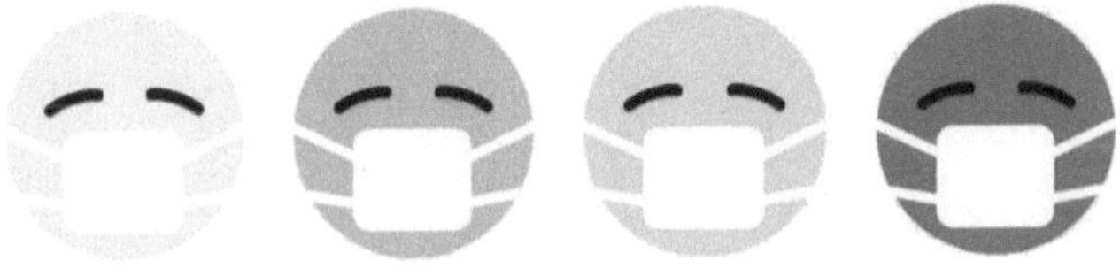

Produktivität und Spaß in dieser langweiligen, beängstigenden und verwirrenden Zeit

Für diejenigen, die in diesen turbulenten Zeiten schwierigkeiten haben, es zusammenzuhalten

Für Singles, die allein sind und Nähe vermissen

Für Paare, die sich lieben, sich aber gegenseitig auf die Nerven gehen

Für Familien, die nie begriffen haben, was für süße, wundervolle Biester ihre Kinder sind

Und für alle anderen...

Ich sehe dich. Ich bin du. Ich liebe dich.

INHALTSVERZEICHNIS

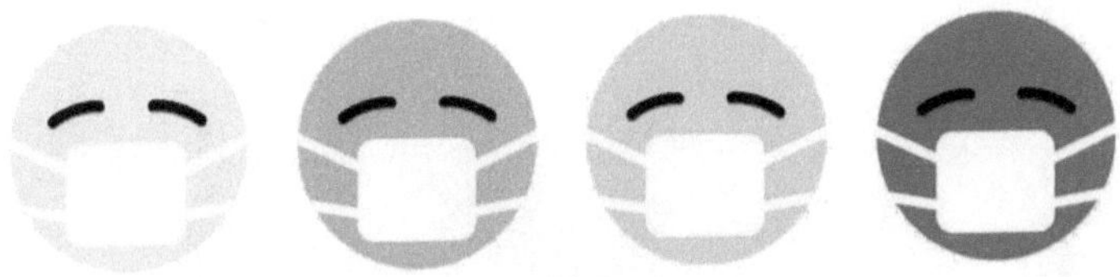

Getting to know you, getting to know all about you

Julie Andrews

EINLEITUNG

Diese kurzanleitung bietet 127 unerwartet nützliche Ideen, die Sie tun können, um die neueste Katastrophe (oder Personen im Allgemeinen) zu vermeiden.

Jede Idee bietet eine produktive Nutzung der zeit, die die Moral, das Wissen und die Freude von sich selbst und anderen steigern kann. Sie decken eine Vielzahl von Aufgaben, Interessen, Äußerungen und zeitlichen Verpflichtungen ab (von Minuten bis Tagen).

Wähle dir Vergnügen oder Übererfüllung und mache sie alle! Beginne mit der Ausführung von ein oder zwei Ideen, und sieh, wie einfach es ist, diese Ausfallzeit optimal zu nutzen.

Jetzt ist der perfekte Zeitpunkt, um die Dinge zu tun, für die Sie noch nie Zeit hattest!

Lass uns diese Zeit nutzen, um das Beste, was wir der Welt und uns selbst bieten können, neu zu bewerten und neu auszurichten.

JA, DU WIRST ÜBERLEBEN

Egal wie die Dinge scheinen mögen, wir sind dazu gemacht, zu überleben und zu gedeihen – dies ist eine kleine Möglichkeit, um uns bei Verstand zu halten.

Jetzt, ohne weitere Umschweife – akzeptiere dich, fördere deine Gaben stärke deine Welt!

MÖCHTEST DU NOCH MEHR ZU TUN HABEN ODER UNS EINE FRAGE STELLEN?

Besuche uns online, um weitere informationen, mehr Verbundenheit und mehr Möglichkeiten zu erhalten, sich und andere auch in unruhigen Zeiten gut zu behandeln.

www.DoWhileQuarantined.com

> I got my mind set on you, I got my mind set on you.

George Harrison

ABSCHNITT EINS
VERSTAND

Der Verstand braucht ein Gleichgewicht zwischen Ruhe und Stimulation, um neues zu kreieren, zu meditieren und Frieden mit unseren Finanzen und Kreationen zu finden.

Dieser Abschnitt widmet sich der Möglichkeit, deinem Verstand Raum zum Vorstellen, Analysieren, Entspannen und Erinnern zu geben.

Bei Kreativität geht es darum, ihrem Verstand die Freiheit zu geben, sich auszudrücken und zu erforschen.

Finanzen ermöglichen es deinem Verstand, zu interpretieren und zu analysieren, während sie neue Möglichkeiten ausloten.

DER VERSTAND BRAUCHT EIN GLEICHGEWICHT ZWISCHEN RUHE UND STIMULATION.

ABSCHNITT EINS: VERSTAND
KREATIVITÄT

Mach eine Menge Schleim

Schreib Gedichte und kreiere ein Lied für einen geliebten Menschen

Nimm eine eine geführte Meditation auf, um sie mit anderen zu teilen

Schreibe ein Tagebuch über deine Erfahrungen

Schreib einen Brief an dein zukünftiges Ich

Richte eine Kapselgarderobe für warmes und kühles Wetter her

Bastel einen Willkommenskranz (oder eine dekoration) für deine Haustür

Erstelle Wandkunst

Zeichne ein Selbstporträt

Verfasse ein Akrostichon für jedes Familienmitglied (jeder satz beginnt mit buchstaben ihre namen) zu buchstabieren

Mache Sudokus

Lies ein Buch, dass von deiner öffentlichen Bibliothek empfohlen wird

Bastel etwas aus alter Kleidung oder Bettwäsche

Bastel eine Perücke (oder erneuere alte Haarteile oder Verlängerungen)

Üben das Instrument aus deinen alten Band-Zeiten

ABSCHNITT EINS: VERSTAND
FINANZEN

Überprüfe dein Anlageportfolio
(oder informiere dich, um eines zu
eröffnen)

Erstelle einen Plan zum Starten
eines Stipendienfonds für eine
Universität

Aktualisiere deine automatischen
Bezahleinstellungen

Werte deinen Rentenplan aus
(oder informiere dich, um eines zu
starten)

Erstelle einen automatischen
Sparplan
(oder aktualisiere den, den du hast)

66

Body rock is in the house tonight!

99

LMFAO

ABSCHNITT ZWEI
KÖRPER

Unser Körper braucht Zeit, um sich zu erholen, um durch unsere Fitness und Nahrung stark, unterstützend und sexy zu sein.

Dieser Abschnitt widmet sich der Bewegung deines Körpers und den Köstlichkeiten des Lebens!

Beim Wellness geht es darum, deinem Körper andere, möglicherweise neue Möglichkeiten zu bieten, um über die typische Fitness-Routine hinaus aktiv zu werden.

Essen ermöglicht deinem Körper, neue Aromen, Rezepte und Techniken mit dem zu probieren, was du bereits hast.

UNSER KÖRPER BRAUCHT ZEIT, UM SICH ZU ERHOLEN UND WIEDER ZU STÄRKEN

WELLNESS

Versuche, den Atem 90 sekunden
lang anzuhalten

Taste dich daran heran, 5 Minuten die
Planke-Übung zu schaffen

Mach Gewichtstraining mit
Konsveren

Mach Zuhause eine stille Ruhepause

Übe, deine Zehen zu berühren

Starte eine Fitness-Routine

Lerne, den Spagat zu machen

Unternimm einen Spa-Tag

ESSEN

Koch eine Mahlzeit mit anderen Zutaten als gewöhnlich

Kreiere einen einzigartigen Cocktail

Probiere ein neues Rezept aus

Trink eine Woche lang die richtige, gesunde Menge Wasser

Manchmal kann das Austauschen einer einzelnen Zutat zu einer völlig anderen Erfahrung führen. #EmbraceYourAwesome

If the spirit moves you, let me groove you.

Marvin Gaye

ABSCHNITT DREI
GEIST

Der Geist braucht Glück und Heilung, um uns von innen heraus in Glauben und Spaß zu unterstützen.

Dieser Abschnitt widmet sich der Stärkung der eigenen Moral mit Aktivitäten zur Inspiration, Erleuchtung und zum Vergnügen.

Beim Glauben geht es darum, den eigenen Glauben (oder dessen Mangel) zu stärken und zu erweitern, um das Mitgefühl für sich selbst und andere zu fördern.

Spaß hebt erfreuliche Erlebnisse hervor, die Freude und Glück bringen, die ansteckend (aber nicht tödlich) sind.

Albernheit ist nur zum Spaß – es gibt keinen tieferen Sinn, du sollst nur dein Herz zum Lachen bringen. Vielleicht ist das auch gar nicht so sinnlos!

UNSER GEIST SEHNT SICH DANACH, ZU INSPIRIEREN, ZU ERLEUCHTEN UND ZU GENIESSEN.

GLAUBENSGEBET

Bete jemanden

Erstelle eine „Wenn ich etwas tun könnte"-Liste und plane, wie du jedes einzelne Vorhaben umsetzen würdest

Veranstalte eine Lobfeier

Lies über ein anderes Glaubenssystem oder eine andere Philosophie

Starre dir 5 Minuten lang in die eigenen Augen

SPASS

Erstelle eine Liste mit 25 ungewöhnlichen oder unerwarteten Fakten über dich

Genieße einen virtuellen Drink mit Freunden

Überlege dir einen persönlichen Slogan oder dein persönliches Motto

Höre dir das Lieblingsalbum oder den Lieblingssong deiner Eltern an

Liste 85 Dinge auf, für die du dankbar bist

Verstecke inspirierende Post-its in deinem Zimmer

Ruf in einer Radiosendung an

Schreib deinen eigenen Text zu einem beliebten Song

Schreibe eine inspirierende Notiz und stecke sie in eine Tasche von einem kaum benutzten Kleidungsstück

Erstelle eine Visionstafel

Lerne eine andere Sprache, indem du mit Menschen redest

Sieh dir einen TED-Talk zu einem Thema an, das dich interessiert

Sag dir selbst 15 Dinge, die du an dir liebst

Lerne mehr zu einem Thema, zu dem du dich schon immer hingezogen gefühlt hast

Erzähle Kindheitsgeschichten und nimm es aufLies nochmal dein

Lieblingsbuch oder einen alten Klassiker

Dokumentiere deine Idee für eine neue Erfindung

Aktualisiere deine Social-Media-Profile

ALBERNHEIT

Versuch, deine Zunge zu rollen

Mach Seifenblasen und blase sie aus dem Fenster

Bastel ein Musikinstrument aus Haushaltsgegenständen

Ziehe dir deine schönsten Kleider an und trink aus deinen besten Gläsern

Übe das Gehen mit einem Hardcover-Buch auf dem Kopf

Setz Zuhause witzige Glubschaugen auf zufällige Objekte

Lächel beim Telefonieren - auch mit automatisierten Anrufbeantwortern

"

I'm coming home to the place where I belong.

"

Chris Daughtry

ABSCHNITT VIER
HEIMAT

Heimat ist, wo das Herz und der letzte rohe Nerv liegt. Sie birgt Freude und Frieden mit ihren Lieben, Reinigung und Reparatur.

Dieser Abschnitt widmet sich der Kuratierung von Frieden und Komfort in unserer gemütlichen Ecke des Planeten.

Die Zeit mit **deinen Liebsten** ist voller Aktivitäten, die wir mit und für diejenigen tun, die uns im Leben am wichtigsten sind. Sei es in der Nähe oder in der Ferne.

Organisation gibt dir Ordnung und Struktur, um all deine erstaunlichen Taten jenseits deiner Haustür zu ermöglichen.

Bei Reparaturen geht es darum, die nervigen kleinen Korrekturen vorzunehmen, die sie immer hinausgezögert haben (bevor sie zu großen Problemen werden!).

Reinigen bedeutet, Überschüssiges zu beseitigen, um eine saubere Grundlage für dein nächstes, bestes Kapitel nach der Apokalypse zu schaffen.

ZUHAUSE IST DAS HERZ DES FRIEDENS UND DES KOMFORTS

GELIEBTE MITMENSCHEN
kinder und familie

Schreibe einen „Warum ich dich liebe"-Brief

Spiele mit deinen Kindern ein neues Spiel

Bastel einen Origami-Zoo

Frag ein Kind nach seinen Träumen

Mach den Liebessprachen-Test für dich und mit deinen Kindern

Bring deinem Kind eine Sache bei, die du gerne früher gelernt hättest

Baut eine Festung aus Decken

Wähle ein Buch aus, um es mit einem geliebten Menschen zu lesen und gemeinsam darüber zu sprechen

Ruf deine Großeltern an und frag nach ihren Lieblingserinnerungen

GELIEBTE MITMENSCHEN

partner und freunde

Schreib die Meilensteine deiner Kindheit auf

Mach den Liebessprachen-Test für dich und mit deinem Partner

Schreib einen Liebesbrief für deinen Partner

Sende eine elektronische Karte an einen Freund

Erstelle ein Enneagramm für deine Familie

Wähle ein Buch, dass du mit einem geliebten Menschen liest und gemeinsam darüber sprichst

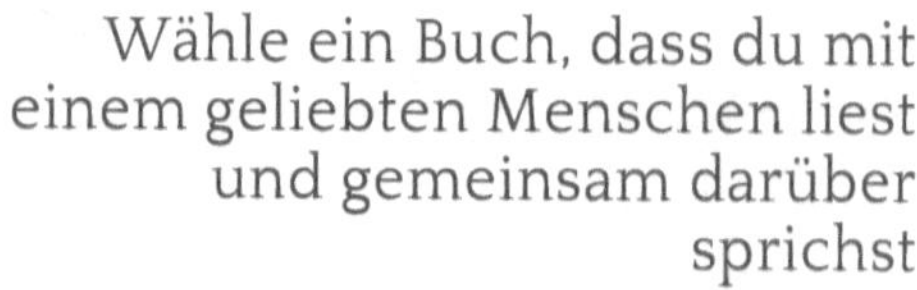

Mache einen Post-it-Stammbaum

Starte einen virtuellen Buchclub

Mache deinen Liebsten ein Geschenk

ORGANISATION

papiere und papierkram

DIGITAL

Lösche alte Dateien und Duplikate

Mach ein Backup deines Computers

Aktualisiere deine Passwörter

Lösche alte Fotos

Sichere deine Telefondaten

Erstelle wichtige Gesundheitsformulare (Allergieliste, Vorerkrankungen, Unverträglichkeiten usw.)

GEDRUCKT

Sortiere Belege und entsorge die Unnötigen

Entsorge alte Dokumente und Unterlagen

Sammle wichtige Dokumente (wie Geburtsurkunde, Autopapiere usw.)

Sortiere und organisiere alte Fotos

Erstelle digitale Kopien von den wichtigsten Dokumente und mache diese einer vertrauenswürdigen Person zugänglich

#EmbraceYourAwesome

ABSCHNITT VIER: HEIMAT
ORGANISATION
haushalt

Organisiere deine Bücher und mach einen Stapel für die, die spenden würdest

Ersetze die Batterien in Rauchmeldern und Uhren

Suche alle halb leeren Flaschen mit Lotion, Shampoo, Conditioner usw. zusammen

Dekoriere oder ordne dein Wohnzimmer neu

Male oder dekoriere in deinem Schlafzimmer

Organisiere deine Speisekammer

Sortiere deine Medikamente und wirf abgelaufenes weg

Sortiere dein Make-up und wirf abgelaufenes weg

ABSCHNITT VIER: HEIMAT
REPARATUREN

Reparieren Bildlöcher in den
Wänden

Bring Filzgleiter oder gummifüße
an Möbeln an

Schärfe deine Messer und Scheren

Repariere die fehlenden knöpfe
und kleinen löcher in deiner
Kleidung

Repariere den undichten
Wasserhahn

REINIGUNG

Reinige dein Bad gründlich

Entstaube die Oberfläche deines Kühlschranks und deiner Regale

Reinige deine Schublade voller Krimskrams

Reinige und organisiere deinen Spülbereich

Reinige deine Fenster und Fensterbänke

Fege hinter deinem Kühlschrank und Herd

Reinige deine Couch, Kommode und Regale

Wasche deine Kissen und Bettdecken

Reinige deinen Ofen gründlich

Reinige deine Vorhänge

Reinige deinen Schrank

66

Remember that the happiest people are not those getting more, but those giving more.

99

H. Jackson Brown Jr.

ABSCHNITT FÜNF
GEMEINSCHAFT

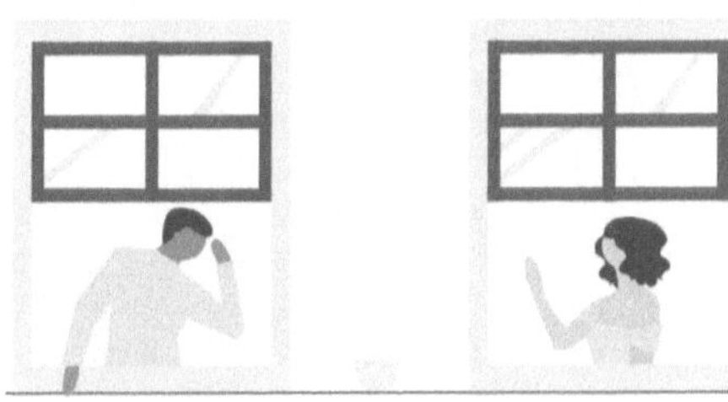

Als soziale Wesen brauchen wir Menschen Gemeinschaften, denen wir angehören und denen wir durch Geschäfte und soziale Beiträge etwas zurückgeben.

Dieser Abschnitt widmet sich der Schaffung von Positivität im gemeinschaftlichen Miteinander, während soziale Distanzierung und Sicherheit trotzdem eingehalten werden.

In der Geschäftswelt geht es darum, tragfähige Lösungen für die Probleme anderer zu schaffen und die Lösungen anderer zu teilen.

Der Beitrag konzentriert sich auf Möglichkeiten, wie du innerhalb deiner Gemeinschaft etwas zurückgeben kannst.

EINE GEMEINSCHAFT HILFT ANDEREN DURCH LÖSUNGEN UND SOZIALEN BEITRAG

GESCHÄFTSLEBEN

Erstelle einen Plan, um deinen Nebenverdienst zu deinem Hauptverdienst zu machen

Aktualisiere deinen LebenslaufStarte einen Podcast (oder sei Gast in einem)

Gehe einer Geschäftsidee auf den Grund

Schreibe einen Artikel für lokale Medien oder Online-Medien

Frische deine Kenntnisse auf, die du für die Arbeit benötigst

Kreiere Informationsprodukte aus deinem jetzigen Wissen

Schreibe ein kurzes eBook

Aktualisiere deine Website

Teile dein Fachwissen online

Nimm ein Hörbuch auf

Nimm eine Empfehlung für jemanden auf, dessen Produkt oder Dienstleistung du liebst

BEITRAG

Unterstütze ein lokales, kleines Unternehmen und kaufe eine Geschenkkarte für später (oder jetzt!)

Ruf jemanden an, mit dem du seit einiger Zeit nicht mehr gesprochen hast

Schreib einen Dankesbrief für ein Unternehmen in der Nachbarschaft

Gib jemandem online ein KomplimentSpende Kleidung

Kümmere dich um die älteren Mitmenschen

Hinterlasse eine positive Yelp-bewertung für deine Lieblingsorte

Bedanke dich bei jemanden online, dessen Arbeit du wirklich genießt und schätzt

Schreibe eine Empfehlung für einen Service oder ein Produkt, das du liebst

Beantworte eine Frage auf Quora

Schreib eine Bewertung für einen Artikel, den du kürzlich bei Amazon gekauft hast

Reflexionen

AN EINIGE TAGEN BIST DU DER HUND, AN ANDEREN TAGEN BIST DU DER HYDRANT

Trotz allem, was um uns herum passiert, bleibt eines wahr: auf große und kleine weise kannst du immer etwas tun, um dir selbst und anderen zu helfen.

Manchmal ist bereits deine Anwesenheit ein Segen. Ein freundliches Wort. Ein paar Dollar, ein Lächeln. Eine Gelegenheit. Herausforderungen werden kommen, egal was passiert, aber unsere Perspektive können wir selbst wählen. Du wurdest eingeladen, mehr von deinem großartigen Selbst zu sein.

Gerade rechtzeitig, um die Dinge zu tun, für die du nie Zeit hattest.

Mitmenschen
anrufen
Reinigen
Kreieren
Haben
Machen
Organisieren
Üben
Aufnehmen
Sortieren
Anfangen
Schreiben

Am wichtigsten ist, teile deine
Amazing **W**orks of **E**xpression **S**erving **O**thers with **M**aximum **E**njoyment
AWESOME!

Jacqueline Shaullis

WAS FÜR GROSSARTIGE DINGE BIST DU D.W.Q.ING?

Lass mich wissen, an welche anderen wunderbaren Dinge du denkst und schick sie an **LetsDWQ@gmail.com**.

Ich würde gerne von dir hören und fotos von deinen DWQing (Doing While Quarantined) sehen!

www.DoWhileQuarantined.com

ÜBER DEN AUTOR

Bekannt als „Die Kaiserin von Awesome", begeisterte sie das Publikum auf fünf Kontinenten mit ihrer Botschaft Embrace Your Awesome™, die sie bei der Arbeit, zu Hause und darüber hinaus mit Ganzheit und Kühnheit kommunizierte!

Als internationale Rednerin und Autorin des bestsellers „Embrace Your Awesome" hat sie die Bühne mit JJ Virgin, Esther Perel, Lisa Cherney und anderen Visionärinnen geteilt. Fortune 500-Unternehmen wie American Express, McGraw-Hill, Pepsi und Microsoft sowie Organisationen wie UNICEF, Associated Press und Federal Reserve Bank vertrauen darauf, dass Jacqueline ihren aufstrebenden und etablierten Führungskräften motivierende und dennoch praktische Anleitungen gibt.

Jacqueline bringt eine frische, einzigartige Perspektive mit, die sie aus ihrem Hintergrund als preisgekrönte Performerin, ehemalige Zeitungskolumnistin, Rundfunkjournalistin und Hochschullehrerin gewonnen hat (alle nach Wahlalter!). Sie ist die Gründerin von Awesome Enterprises LLC, Schöpferin der Mistress of Her Domain-Reihe und Podcast-Moderatorin von Shots of Awesome.